FABLES.

A MES ENFANS.

PARIS.

IMPRIMERIE ET FONDERIE DE J. PINARD,

RUE D'ANJOU-DAUPHINE, N° 8.

1831.

FABLES

à mes enfans,

par

P. M. CURTIL.

Paris. 1831.

FABLES.

A MES ENFANS.

PARIS.

IMPRIMERIE ET FONDERIE DE J. PINARD,

RUE D'ANJOU-DAUPHINE, N° 8.

1831.

PRÉFACE.

Dans l'âge tendre, à peine l'enfant commence-t-il à balbutier, qu'on observe les efforts qu'il fait pour aider son intelligence à discerner les objets qui l'entourent. A mesure que ses facultés physiques et morales se développent, son premier langage devient plus correct et plus intelligible. Je remarquai aussi qu'il prêtait aux faits exagérés une oreille plus attentive qu'aux faits simples et naturels. Alors, j'augurai que des contes pourraient amuser mes enfans, et je ne fus pas trompé dans mon opinion , car , souvent ils me demandaient avec une sorte d'instance que je leur racontasse , disaient-ils , *des petits contes*. Aussitôt je m'empressai de satisfaire leur curiosité , et je conçus le projet peut-être trop hardi d'en composer quelques uns ; mais cette tâche me parut si difficile, que, plus d'une

fois, je renonçai à mon entre-
prise. Cependant, animé du dé-
sir de leur être utile et agréa-
ble, je changeai de projet et
j'essayai de composer des *Fa-*
bles, comme étant, selon moi,
plus convenables à laisser dans
leur jeune cœur des impres-
sions qui pussent plus promp-
tement que les contes, les instruire en les amusant. En effet,

la fable est un petit drame dont ·
l'exposition , le nœud et le dé-
nouement sont renfermés dans
un cadre tellement restreint,
que le sujet mis en action ne
fatigue nullement la mémoire
de l'enfant. Comme il est naturellement avide de variétés, j'ai
pensé que l'apologue pourrait
également l'intéresser , mais
qu'il devait plutôt être écrit en

prose qu'en vers , parce que la versification offre à sa pénétration trop de difficultés , et que l'enfant n'aime point à s'appesantir sur les choses que son imagination ne peut saisir. On doit donc le laisser suivre son penchant naturel ; autrement on courrait risque de lui faire prendre en aversion ce qui, naturellement, devrait le récréer.

Je me croirai amplement dé-
dommagé des peines que ce faible essai m'a coûtées, s'il peut
être utile à mes enfans, offrir aux lecteurs quelque intérêt, et mériter leur bienveil-
lance.

ÉPITRE DÉDICATOIRE.

A MES ENFANS.

RECEVEZ, aimables Enfans,
ce petit recueil de Fables et
d'apologues ; c'est le faible es-

sai d'un père qui vous chérit.
Son but, dans cet opuscule,
est de vous instruire, de for-
mer votre cœur, en vous amusant par des fictions et par des
fables à la portée de votre jeune
âge.

Son vœu serait rempli, si,
par cet essai, il pouvait vous
inspirer des sentimens de dou-
ceur, d'humanité, de bienfai-

ance , de soumission , de respect , de piété filiale , et gra-
ver dans vos jeunes cœurs les
principes de la religion, de la
morale et de la vertu.

Ils tombent à terre et sont tués.

FABLES.

LA FAUVETTE

ET SES PETITS.

FABLE PREMIÈRE.

Une fauvette avait fait son nid sur un arbre isolé, afin de le soustraire aux regards des passans. Elle y déposa avec sécurité ses œufs, qui, quelque temps après, vinrent à éclore par les soins assidus de cette mère prévoyante. Inquiète sur le sort de ses petits, sans cesse elle s'occupait à leur prodiguer ses soins, afin de les mettre à l'abri de toute espèce de danger. Un jour, les voyant un peu grands, la mère leur tint ce langage : « Mes enfans, leur dit-elle, pendant l'absence que je vais faire, afin de pourvoir à vos besoins , gardez-vous bien de quitter votre nid pour prendre votre essor , car vous ne devez pas encore vous fier à vos forces. » Mais elle n'est pas plus tôt partie , que les oiseaux des environs viennent voltiger et folâtrer autour du nid des petits de la fauvette. Alors, ceux-ci , entraînés par la séduction de ces nouveaux venus, abandonnent aussitôt leur gîte pour

2.

les suivre. Mais qu'arriva-t-il ? ce que la mère avait prévu : les forces de nos petits étourdis leur manquant, ils tombent à terre, sont pris par les passans, et paient bien cher leur déso-béissance.

Le premier devoir de l'enfant est d'obéir à son père et à sa mère.

LE CORBEAU

ET

LE ROSSIGNOL.

FABLE II.

Un corbeau, par ses croasse-
mens, se croyait le premier

chantre des bois. Enorgueilli de son prétendu mérite, il dédaignait un rossignol qui faisait retentir les échos d'alentour de ses chants harmonieux. Un jour ce corbeau présomptueux lui tint ce langage : « Camarade, ton chant, que tu trouves si merveilleux, surpasserait peut-être celui des hôtes de ces bois, si je n'étais là, pour te ravir une telle gloire ; si tu en doutes, choisis un juge : il prononcera sur celui des deux qui charmera davantage. — Très volontiers, répartit le rossignol; voilà justement deux amateurs qui passent fort à-propos, prenons-les pour arbitres.» Aussitôt ce dernier les enchante par son doux ramage; mais à peine le corbeau a-t-il commencé à se faire entendre, que nos deux juges se hâtent de s'éloigner, en se moquant de son impertinente vanité.

✺

L'ignorant est présomptueux, et ne doute de rien.

LES DEUX ABEILLES.

FABLE III.

UNE abeille se reposait dans le calice d'une fleur. Pendant son sommeil, une de ses voisines vient le troubler : « Ma sœur, lui dit-elle, pourquoi, perdez-vous un temps si précieux ?

Ignorez-vous que notre premier devoir est le travail. Moi? répartit l'abeille encore tout endormie, je ne fais qu'obéir au besoin de la nature.» L'abeille ouvrière, peu satisfaite de ce langage, quitte notre paresseuse pour se livrer à sa besogne ordinaire. Celle-ci, après un long repos, pressée par la faim, vole près de l'abeille industrieuse pour lui demander quelques provisions ; mais cette dernière lui répond : « *Allez , ma mie , qui dort dîne.* »

✿

Rarement, le paresseux trouve secours et protection.

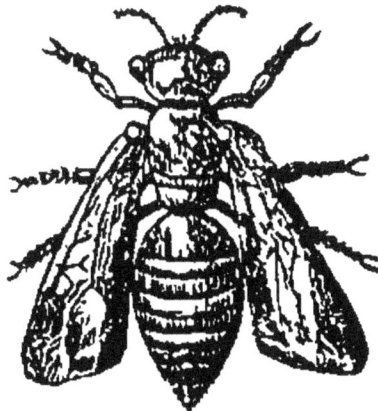

LA PIE

ET

LA DOMESTIQUE.

FABLE IV.

UNE pie, aussi vaine que ba-
billarde, était continuellement

tourmentée par une domestique acariâtre. Celle-ci, au lieu de réprimer ses mauvais penchans, les fortifiait, en lui apprenant à parler un langage injurieux. La pie, naturellement voleuse, pour mettre à profit les leçons de son institutrice, et se venger d'elle, dérobe à ses maîtres un objet précieux et le cache. Aussitôt ceux-ci accusent leur domestique d'être l'auteur de ce

laroin , et la chassent honteuse-
ment de leur maison.

❀

Les maux qui nous accablent, pro-
viennent souvent d'une mauvaise éducation.

LE GUI (1)

ET

L'OLIVIER.

FABLE V.

Un gui croissait lentement et avec orgueil sur un vieux chê-

(1) La recherche du *gui*, plante parasite qui croît sur les arbres, était une

ne. Un jour il se plaignit à son voisin, l'olivier, des vicissitu-

fête nationale. Prêtres et peuple se ré-pandaient dans la forêt pour le chercher ; l'avait-on trouvé, on éclatait en cris de joie, on chantait des cantiques. Le supérieur des *druides* ou *prétres* approchait respectueusement de l'arbre, détachait le *gui* avec une serpette d'or, et le laissait tomber sur une nappe neuve de lin qui ne servait plus à aucun usage. La plante desséchée était mise en poudre et

des du sort. « Camarade, lui dit-
il, jadis mon espèce vénérée

distribuée aux dévots comme un anti-
dote sûr contre les maladies et les malé-
fices. La cérémonie était annoncée par
cette formule : *au gui l'an neuf*, qui
était criée solennellement, ce qui faisait
croire que la fête était destinée à annon-
cer le commencement de l'année, épo-
que qui a toujours été accompagnée d'a-
légresse chez tous les peuples. Les *drui-*
des recueillaient aussi, pieds nus et en
rampant, certaines herbes auxquelles ils

était l'objet d'un culte sacré que les Gaulois me rendaient dans certains jours de l'année. Ces peuples n'approchaient qu'avec respect de l'arbre qui me portait, et me cueillaient précieusement pour me rendre les honneurs divins. Aujourd'hui je

attribuaient des propriétés surnaturelles et qu'il fallait arracher et non couper.

(*Histoire d'Anquetil,* tom. Ier, p. 19.)

me vois entièrement abandon-
né ; car , depuis près de deux
mille ans , mon culte a cessé
d'exister. —Langage erroné, répond aussitôt l'olivier, car les
sacrifices humains offerts en ho-
locauste aux dieux du paganis-
me, bien loin d'attirer la clémence du Ciel , ne faisaient au
contraire que l'irriter. En effet,
au grand étonnement de l'uni-
vers, cette clémence divine n'a-

t-elle pas fait disparaître l'idolâtrie, en envoyant sur la terre
le Sauveur du monde, pour
éclairer les peuples de son flam-
beau céleste !...

La vraie religion, seule, triomphe
de l'idolâtrie.

LE RENARD

ET

LE LÉOPARD.

✿

FABLE VI.

Un renard enviait la peau richement bigarrée d'un léopard. Mes couleurs sont trop saillantes , lui dit celui-ci, elles pourraient bien déjouer tes ruses. Tu devrais rester tel que la nature t'a fait naître ; car , comme sage et prévoyante , elle dispense à chacun ce qui lui convient.

On doit se contenter de ce qu'on a.

LA BREBIS

ET

LE BUISSON.

FABLE VII.

Une brebis poursuivie, de-
manda passage à un buisson.

Celui-ci le lui livra ; mais il s'a-
propria une partie de sa toison.

❀

Un service rendu avec intérêt,
perd son prix.

LE CHAT

ET

LE SERIN.

FABLE VIII.

Une vieille fille avait pour compagnie un chat et un serin dont elle raffolait. Un jour, voulant

4.

faire connaître la manière dont elle avait élevé ses deux favoris, elle invita quelques commères à être témoins de leur adresse et de leur habileté. D'abord, on présenta le chat qui fit mille jolis petits tours dont la société fut émerveillée ; puis, on fit sortir de sa cage le serin qui voltigea à droite et à gauche ; mais le chat, dont l'exercice avait sans doute aiguisé l'appé-

tit, s'élança sur le docile animal, l'emporta furtivement dans
sa retraite, et en fit un repas
friand.

❀

Rarement, l'éducation corrige le
mauvais naturel.

LE CHAT,

LE COQ

ET LE LIMAÇON.

FABLE IX.

Un jeune coq présomptueux
vantait sans cesse ses exploits

et ses qualités brillantes. Un limaçon , témoin de sa sotte vanité , lui conseille de prendre
garde à lui, parce qu'un chat
à l'affût le guette de près ; mais
notre fier animal ne tient aucun compte de cet avertisse-
ment. Le chat tout à coup s'é-
lance avec impétuosité sur le
coq, qui, se mettant sur la défen-
sive, oppose à son redoutable
adversaire une vigoureuse ré-

sistance. Pendant la lutte, le coq intrépide s'échappe des griffes de son ennemi qui, furieux d'avoir manqué sa proie, se disposait à se précipiter sur le limaçon, afin de lui faire payer cher l'avis qu'il venait de donner au coq. Mais le limaçon ne trouve son salut qu'en rentrant humblement dans sa coquille. Peu d'instans après, le coq revient sur le champ de bataille, que le limaçon n'avait point encore quitté. En l'apercevant, il s'écrie : Eh! comment as-tu pu échapper à la fureur de ce téméraire ? — En rampant.

Que de gens n'obtiennent la faveur des grands, qu'en se courbant devant eux.

LE COURTISAN

ET

LE BRAVE.

FABLE X.

Un courtisan assiégeait l'anti-chambre d'un souverain, pour

Le monarque accueille avec distinction

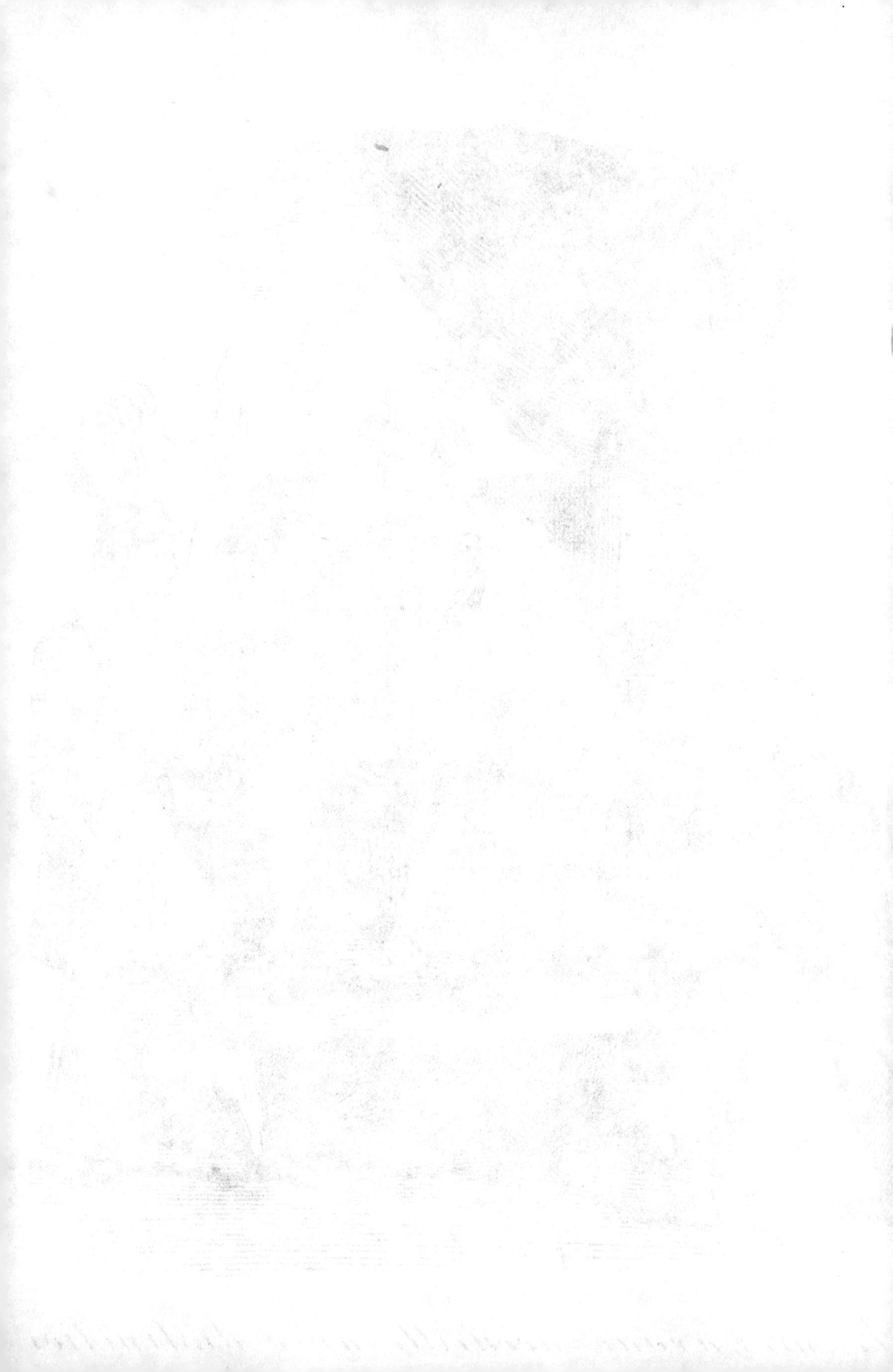

en obtenir des honneurs et des
emplois. Comme titres de re-
commandation , il présentait
avec orgueil ses vieux parche-
mins de féodalité. Près de ce
courtisan était aussi un vieux
guerrier couvert de gloire et de
blessures qui briguait l'honneur
de servir sa patrie. Le monarque vertueux, attentif à la demande de chacun d'eux, accueille avec distinction le brave,

mais rejette avec dédain les pré-
tentions du courtisan.

❀

Heureux le prince qui sait appré-
cier le véritable mérite !

LE LIERRE

ET

LE CHÊNE.

FABLE XI.

Un lierre croissait au pied d'un chêne dont la cime s'élevait majestueusement. A peine avait-il atteint les premières

branches de son appui, que le
lierre lui conteste les avantages
qu'il avait sur lui. Mais le chêne
noble et fier dédaigne les tra-
casseries de son faible agres-
seur. Avec le temps, lui dit celui-ci, je m'élèverai à ta hauteur ; alors, je serai ton égal.
Oui, répond le chêne, mais, à
force de ramper autour de moi.

Ramper fait l'espoir de l'ambitieux.

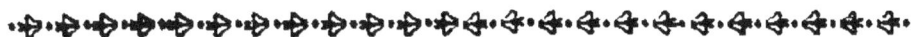

LA COLOMBE

ET

LE ROSSIGNOL.

❋

FABLE XII.

UNE colombe, orpheline dès
ses premiers ans, errait çà et là

5.

pour dissiper ses noirs chagrins.
Plongée dans de tristes rêve-
ries, elle tombe dans un lacet
tendu par un oiseleur perfide.
Aussitôt elle jette des cris de détresse, et elle n'espère son salut que de la pitié d'une ame
compatissante. Son attente ne
fut pas vaine. Non loin de notre
captive se promenait une jeune
fille douée d'un cœur aussi tendre que généreux ; elle dirige

ses pas vers le lieu d'où partent
ces cris plaintifs. Elle aperçoit
l'intéressante prisonnière , et
elle se hâte de la délivrer des
nombreux liens dans lesquels
elle se débattait vainement. En
échange de ce service signalé,
la colombe reconnaissante prodigue à sa libératrice mille ten-
dres caresses. Celle-ci , vivement émue, prend sous sa protection notre jolie captive, qui

lui promet de lui être constamment fidèle. La bienveillante protectrice donne pour asile à sa protégée une superbe cage ornée de tous les agrémens qui peuvent embellir sa demeure. Chaque jour notre colombe recevait la visite et les caresses des amies de sa bienfaitrice ; rien ne manquait à son bonheur. Mais le sort jaloux de son état prospère envoie près d'elle un jeune téméraire qui vient un instant troubler la paix dont jouissait notre intéressante colombe. Un jour, étalant la blancheur de son plumage aux rayons du soleil, elle fut aperçue d'un rossignol qui aussitôt se passionne pour notre belle captive. Il médite dans sa tête exaltée les moyens de s'en faire aimer, et de la soustraire à son esclavage. Dès les premiers jours du printemps, ce dieu du chant voltige sans cesse autour de sa demeure, et termine toujours ses courses aériennes par se percher sur le sommet d'un arbre peu éloigné d'elle, afin de lui faire entendre ses chants mélodieux. Son gosier flexible modulait sa voix avec un charme qui la ravissait ; la voyant émue, il lui adresse ce langage : « Ah ! chère colombe, pour toi seule je veux charmer les échos ; viens, je désire unir ma destinée à la tienne, et te faire connaître les douceurs de l'amitié qui manquent à ton bonheur ; consens-y, et je te délivre à l'instant. Mon vœu le plus ardent est que tu sois à jamais ma compagne chérie. Je ne puis, répond la douce colombe, trahir mes premiers sermens ; j'ai juré d'être fidèle à ma bienfaitrice , et je ne veux point être parjure. Cette réponse nâvre le cœur du rossignol désappointé, sans cependant le faire renoncer à son projet. Chaque jour il emploie tous les moyens de séduction , pour triompher des rigueurs de sa belle. Un jour , par hasard , un chasseur , passant près de lui , l'aperçut s'élancer sur le balcon de la sensible colombe. Il l'ajusta et l'étendit mort aux yeux de sa douce amie qui, affligée d'une fin si malheureuse, ne trouva de consolation que dans le bonheur d'avoir rempli son devoir.

La jeunesse présomptueuse et imprudente paye souvent cher sa tentative de séduction.

LE LOUP

ET

LA BREBIS.

FABLE XIII.

Jadis un loup adroit avait fait maintes captures. Fier de ses nombreux larcins, il avait donné quelques faibles secours à une pauvre brebis. Lorsque celle-ci fut dans l'aisance, ce loup avide de butin médita le moyen de se les faire restituer avec intérêt. Pour cet effet, il consulta un vieux renard habile dans la chicane. Celui-ci, dans l'espoir d'en tirer un salaire, trouve le point de fait et le point de droit parfaitement établis. Le loup, pour colorer son insigne mauvaise foi, et voulant paraître

généreux, se relâche de ses pré-
tentions : il réduit à un tiers sa
demande qui est aussitôt accep-
tée par la brebis, de peur qu'il
ne lui en coûte beaucoup plus
cher, si elle ne souscrit pas à
sa volonté.

Avec un fripon, un mauvais arran-
gement vaut toujours mieux qu'un
procès.

‹✦›‹✦›‹✦›‹✦›‹✦›‹✦›‹✦›‹✦›‹✦›‹✦›‹✦›‹✦›‹✦›‹✦›

LE ROSIER

ET

LE PAPILLON.

❀

FABLE XIV.

Un rosier portait au revers
d'une de ses branches une co-
que qui renfermait un papillon
d'une espèce rare. Un des beaux

jours d'été, il perça sa triste demeure pour jouir des bienfaits de la nature. Tout humide à sa sortie, il se traîne, tremblant, et cherche à fortifier sa frêle constitution pour prendre son essor. Aussitôt le rosier lui donne cet avis : « Comme ton soutien, je crois avoir quelques droits à ta reconnaissance, parce que j'ai pris soin de te conserver pendant tout le temps

que toi et ton enveloppe étiez
attachés à mon écorce. Aussi,
j'ose espérer que, quelquefois,
tu viendras embellir de ta pré-
sence l'éclat de mes roses. Alors
je t'apprendrai à éviter les
écueils de ta vie, contre lesquels
ma longue expérience me met
souvent en garde. Le papillon
lui promet monts et merveilles;
mais il n'a pas plus tôt acquis ses
forces, qu'il prend son vol, et

qu'il va folâtrer dans les jardins émaillés de fleurs. Mais qu'arrive-t-il ? que notre papillon, aussi léger que téméraire , tombe dans le filet d'un jeune écolier dont il devient le prisonnier.

Souvent la légèreté nous fait oublier les devoirs de la reconnaissance , et nous expose à bien des dangers, en négligeant les sages conseils.

LE PAON

ET

LE LINOT.

FABLE XV.

Un paon et un linot habitaient
la même maison. Tous deux y

recevaient des soins assidus. Le premier faisait l'ornement de la basse-cour, l'autre, l'agrément de son maître. Ces deux protégés furent d'abord amis, puis, jaloux. Le paon, enorgueilli de magnificence et de l'éclat de son plumage, se regardait comme le phénix des oiseaux. Modeste de son naturel, le linot charmait les échos d'alentour par son doux ramage qui ravissait le paon lui-même. Enfin, un jour le maître de ces deux oiseaux rivaux, tombe malade ; les cris perçans du paon l'importunent à un point tel, qu'il ne peut prendre aucun repos : que fait-il ? il le donne au premier venu, sans s'inquiéter même de son avenir ; au contraire, il prodigue au linot mille caresses, comme pour le remercier et le féliciter de sa douce mélodie qui porte le calme et la tranquillité dans son ame.

❀

Tôt ou tard le sot est banni de la société, au lieu que le véritable talent y trouve toujours asile et protection.

LES LOUPS

ET

LE CONDUCTEUR.

FABLE XVI.

Un jour, dans un village se répandit une grande terreur causée par une bande nombreuse de loups affamés qui erraient

7

çà et là pour se procurer de quoi assouvir leur faim dévorante. Dans leur course, tout disparaît, hommes, femmes, enfans. Les habitans, justement alarmés, s'empressent de se mettre, eux et leur bétail, en lieu de sûreté. Qu'arrive-t-il? Privés de toute espèce de ressource, nos loups s'assemblent et tiennent conseil pour se soustraire à une mort certaine. Une grange isolée leur sert de salle de conseil. Tous s'y précipitent ; un président est élu , et la séance est ouverte. La faim se faisant sentir de plus en plus, divers moyens sont présentés , mais aucun d'eux n'offre un résultat favorable. Enfin, un des membres , plus avisé que les autres , demande la parole et s'exprime en ces termes : « Nobles et illustres représentans , la nature ne nous

a-t-elle pas doués d'une force
meurtrière, qui répand l'effroi
parmi nos ennemis les plus re-
doutables? Je crois que pour
parvenir à notre but, nous de-
vrions nous tenir en embus-
cade près des grandes routes
pour y guetter mieux à notre
aise les passans. » Aussitôt l'assemblée adopte avec transport
les moyens de salut proposés
par l'orateur. Tout à coup nos

loups se dirigent vers une grande route, s'y postent de distance en distance pour sacrifier à leur fureur les premières victimes qui s'y présenteraient. De loin, ils aperçoivent une diligence ; ils se disposent à l'attaquer, et la cernent de toutes parts (1). Le conducteur, saisi

(1) Ce fait est arrivé pendant le long hiver de 1829.

d'effroi à l'aspect de ces animaux féroces, cherche les
moyens d'échapper à leur fureur. Il monte sur l'impériale,
se saisit des pâtés et des dindes
truffés destinés à couvrir la table de nos nouveaux Lucullus,
et les jette à ces animaux vo-
races. Aussitôt les loups se précipitent sur ces morceaux déli-
cats, et n'en laissent ni cuisse
ni aile. Par ce moyen, le con-

ducteur échappe , ainsi que les voyageurs, à une mort presque certaine.

✿

La ruse et la prudence sont souvent préférables à la force.

LA TORTUE,

LE LIMAÇON ET L'AIGLE.

FABLE XVII.

Une tortue qui habitait une caverne n'en sortait que pour répandre l'effroi dans les environs. Un jour, sur son passage,

elle rencontra un limaçon qu'elle
voulut immoler à sa fureur.
Mais celui-ci osa lui résister.
Quoi ! lui dit la tortue indignée,
ignores-tu, chétive créature,
que, par ma forme indestructi-
ble, je brave tous les efforts
humains ? Pendant ce langage
présomptueux, un aigle qui,
dans sa course rapide, aperçoit
l'orgueilleuse tortue, fond sur
elle avec impétuosité, l'empor-

te dans ses serres à une hauteur prodigieuse, et la laisse tomber sur un rocher. Alors la tortue se brise, éclate en plusieurs morceaux, et devient ainsi la proie de l'aigle.

Ne vous prévalez jamais de votre supériorité.

LE CHEVAL

ET

L'ANE.

FABLE XVIII.

Un cheval et un âne avaient tous deux le même maître. L'âne supportait avec résignation les caprices du sort. Continuelle-

ment harassé de fatigue, il n'e
recevait pour prix que les tra
temens les plus cruels ; au co
traire , le cheval , son comp
gnon , était traité avec tout
sortes d'égards. Un jour l'âne
dans son désespoir, se plaign
au cheval en ces termes : « Am
si , comme toi, je ne jouis p
des mêmes faveurs de not
maître, c'est parce que tu
plus fort et plus alerte que mo

faibles avantages, ajoute l'âne,
qui ne flattent que la vanité et
l'orgueil de l'ambitieux. » Tout
à coup survient le maître qui,
le bâton à la main, interrompt
notre éloquent baudet, et lui
ordonne de reprendre son travail habituel. Aussitôt notre
humble animal obéit sans mot
dire.

Un jour, le maître, forcé
par les circonstances, vendit

son cheval. Alors il garda l'âne pour l'aider dans ses pénibles travaux , et il lui fit subir un sort beaucoup plus doux qu'auparavant.

Souvent les choses qu'on dédaigne dans la prospérité, nous deviennent d'un grand prix dans la médiocrité.

Retenez-les bien, répond
l'incurable financier

LE FINANCIER

ET

LE PAUVRE.

FABLE XIX.

DEPUIS nombre d'années, un financier entassait or sur or. Un jour, tourmenté du retard que mettait un de ses fermiers à lui payer un sémestre échu, notre harpagon se leva de grand matin, et se mit en route pour aller le recevoir. Chemin faisant, il rencontra un pauvre encore dans la vigueur de l'âge, qui, après lui avoir exposé son infortune, le supplia de soulager sa misère. Retire-toi, lui répond l'inexorable financier; la paresse est la cause de tes maux ! A ce reproche inhumain,

ce malheureux, navré de dou-
leur, s'éloigne en déplorant son
sort. Un instant après, il en-
tend des cris perçans : ce sont
ceux du financier qui, attaqué
par un loup affamé, est près de
devenir la proie de sa voracité.
Aussitôt il vole au secours de
cet égoïste, l'arrache des dents
meurtrières de cet animal furieux, et le soustrait ainsi à
une mort certaine.

Faire le bien pour le mal est le fait
d'une belle ame.

LE SEIGNEUR

ET

LES VILLAGEOIS.

❊

FABLE XX.

DE retour d'un long exil, un vieux seigneur, entiché de ses préjugés de féodalité, regardait avec dédain les bons villageois de son canton. Il ne voyait dans cette classe laborieuse que des vassaux soumis à sa domination; impérieux et hautain, le despotisme seul lui paraissait naturel. Il survint une année de disette qui se fit sentir au loin , et notre prétendu seigneur suzerain en éprouva lui-même les effets rigoureux. Bientôt lui et les siens se virent exposés aux horreurs de la famine. Dans cet état de détresse, il veut réclamer la dîme aux habitans de son village, comme lui appartenant, disait-il, depuis un temps très reculé. Pour assurer ses droits, il consulte un seigneur voisin sur ses projets de suzeraineté ; mais celui-ci, plus conforme à l'esprit du siècle, le dissuade d'une démarche aussi imprudente. Les bons villageois, touchés du sort de

ce seigneur si fier de sa nobles-
se , s'empressent à l'envi de lui
offrir, non à titre de redevance,
mais à titre de service, les secours dont il peut avoir besoin.

Souvent l'orgueil et la vanité se
trouvent humiliés par la générosité.

L'ÉTEIGNOIR

ET

LE SOLEIL.

❀

FABLE XXI.

Un éteignoir, ennemi décla-
é de la lumière, se trouva un

jour dans un cercle nombreux. L'amour-propre et l'orgueil faisaient toute sa science. Aussi s'efforçait-il de captiver l'assemblée, en cachant sous le cliquetis du style l'indigence de ses pensées. Par hasard, dans un coin du salon se trouvait le soleil qui, indigné du faux éclat dont voulait éblouir l'éteignoir, lance un de ses rayons qui fait jaillir la lumière la plus vive;

et éclipse aussitôt l'éteignoir

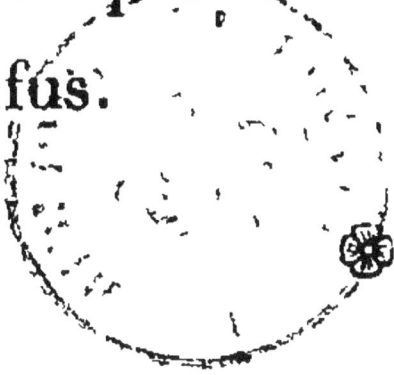

confus.

Les sots sont ennemis des lumières.

LE LYNX

ET

LE VAUTOUR.

FABLE XXII.

FIER des avantages dont il se croyait favorisé par la nature, un lynx dédaignait tous les animaux qu'il rencontrait. Un vautour, qui sans cesse voltigeait autour de lui, cherchait l'occasion d'en faire sa proie. Nos deux rivaux, quoique d'une espèce différente, avaient cependant le même caractère de voracité, et l'un et l'autre se convoitaient tacitement. « Camarade, dit le lynx au vautour, je te défie de voir, comme moi, à la distance la plus éloignée, car ma vue pénètre les corps même les plus opaques. — Seigneur, répond avec humilité le vautour, je ne conteste point votre mérite ; mais cependant je crois pouvoir vous égaler dans un autre genre ; car je m'élève jusqu'aux cieux , et si vous voulez vous en convaincre, indiquez vous-même le lieu de départ. » Le lynx monte avec rapidité à la cime de l'arbre le plus élevé , afin de saisir avec ses dents meurtrières l'audacieux vautour. Celui-ci, prenant son essor, s'élance dans les airs, et arrive bientôt au-dessus du lynx étonné, qui l'engage amicalement à venir se reposer auprès de lui, afin de reprendre haleine. Mais le vautour, pour toute réponse à cette invitation, fond avec impétuosité sur le lynx, qui, perdant son équilibre, tombe et se tue. Alors le vautour se saisit de sa proie, l'emporte dans le trou d'un vieux rocher où il dévore à son aise l'animal présomptueux.

❀

Souvent on est victime d'une réputation usurpée.

LES DEUX RUISSEAUX.

FABLE XXIII.

Deux ruisseaux parcouraient la plaine. « Ah ! dit l'un, si nous réunissions nos eaux, nous ferions une rivière ! — Certaine-

ment, répartit le plus sage ;
mais les hommes s'en empare-
raient, et nous emploieraient
peut-être à de vils usages. Adieu,
alors, nos bords fleuris et nos
douces retraites!

Pour garder ta liberté et pour être
heureux, vis obscur.

LE LION

ET LES ANIMAUX.

FABLE XXIV.

Un lion, à son avénement au trône, avait juré à ses sujets de les bien gouverner. Une fois

consolidé au pouvoir, il les ac-
cabla du despotisme le plus ré-
voltant. Les animaux soumis à
son empire, irrités de la viola-
tion de leurs droits, font un ap-
pel à tous les mécontens, pour
défendre leur liberté opprimée.
A ce mot si cher, les animaux
accourent de toutes parts, fon-
dent avec impétuosité sur ce
lion parjure, qui périt victime
de sa tyrannie.

107

Tôt ou tard la liberté triomphe du despotisme.

LA MOUCHE

ET

L'ABEILLE.

FABLE XXV.

Un jour, une mouche égaré

par la tempête, cherchait u

gîte pour se mettre à l'abri. Sur
son chemin, elle aperçoit une
ruche ; elle va pour s'y réfu-
gier ; mais une abeille l'arrête,
et lui dit : «Où vas-tu ?—Amie,
lui répond la mouche, permet-
tez-moi de me reposer un instant dans votre habitation ? —
Nenni ! répartit l'abeille ; nous
ne recevons point ici d'étran-
gers, de peur qu'ils n'appor-
tent la discorde parmi nous. »

110

Pour vivre heureux , imitez la prudente abeille.

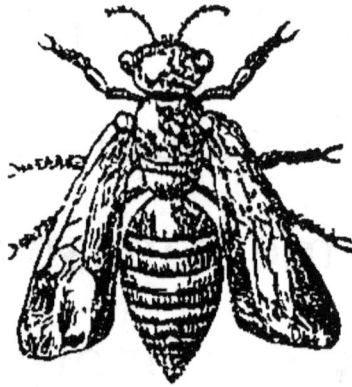

LES POULES

ET

LE COQ.

FABLE XXVI.

Des poules réunies en grand
nombre dans une basse-cour,

s'en disputaient le meilleur en-
droit. Pour cet effet, elles se
divisèrent en deux troupes, afin
de décider par un combat de
leur différend. Un coq, spec-
tateur de la querelle, se mit
à la tête du parti le plus faible,
et dirigea la troupe avec autant
d'intrépidité que de prudence.
Pendant l'action, le coq, par
sa vaillance, redouble l'enthou-
siasme des combattantes. Aus-

sitôt celles-ci, maîtresses du champ de bataille, proclament le coq leur libérateur, et le choisissent pour l'emblême de leur victoire.

❀

La prudence, unie à la valeur, suppplée à la force.

10.

LES FLEURS

ET

LES ZÉPHYRS.

FABLE XXVII.

Un jour, des fleurs cherchè-
rent querelle aux zéphyrs; alors

ceux-ci cessèrent de leur prodiguer leurs caresses. Ces fleurs,
ainsi privées de la fraîcheur du
jour, se fanent, se dessèchent
et meurent.

On doit toujours ménager son protecteur.

L'AIGLE

ET

LE COQ.

FABLE XXVIII.

Un aigle, proscrit, errant depuis long-temps, aperçut un

jour avec bien de la surprise, sur les armes d'un grand peuple, le coq gaulois qui le remplaçait. « Camarade, lui dit-il, par quel hasard te trouves-tu aujourd'hui sur les anciens trophées de notre gloire ? Pendant ton absence, répartit le coq, les lys ont pris ta place, mais l'intrépidité et le courage les ont anéantis, et m'ont perché ici au nom de la liberté, comme

l'emblême de la surveillance.
Nos deux oiseaux, animés de la
même gloire, se félicitent et
jurent de s'unir pour toujours
à la cause sacrée de la patrie.

❀

L'union fait la force des empires.

les zephirs emportaient au loin
les debris de sa parure

LA ROSE

ET

LE RUISSEAU.

FABLE XXIX.

Une rose embellissait les bords fleuris d'un ruisseau. Fière de son éclat et de sa beauté, elle s'admirait au reflet de l'eau vive et limpide qui serpentait avec un doux murmure. Les caresses du zéphyr détachaient légèrement les brillantes pétales de cette rose, et emportaient au loin les débris de sa parure.

Ainsi, la beauté est passagère : y attacher du prix, c'est frivolité.

LA TAUPE

ET

LES DEUX SOURIS.

FABLE XXX.

UNE taupe, en se promenant
aux environs de sa retraite,

11

aperçut un jour deux souris qui parcouraient les champs. « Amies, leur dit-elle, où allez-vous si lestement ? — Nous re-gagnons , répartirent les deux voyageuses, chacune notre lo-gis. —Je vous préviens, ajouta la taupe , du péril qui vous me-nace, si vous poursuivez votre route. Sans doute, vous igno-rez que ce pays est infesté de vos plus cruels ennemis ? Pour

vous épargner quelque malen-
contre, venez avec moi dans
mes galeries souterraines; vous
pourrez y attendre en sûreté le
moment favorable pour conti-
nuer votre chemin. » L'une
d'elles, plus étourdie que l'autre, répartit vivement : Comme
notre vie solitaire ressemble à
la vôtre, nous n'avons rien à
craindre. Moi, habitante des
champs, et ma camarade, des

bois, nous sommes à l'abri de nos ennemis. Pendant que notre commère discourait ainsi, un chat, à l'affût, se jette sur cette dernière, et la croque sans pitié. L'autre s'enfuit à la hâte dans un bois, où elle devient aussitôt la proie d'une belette.

Toujours on doit écouter les sages conseils.

LA FAUVETTE.

FABLE XXXI.

UNE fauvette blâmait ses compagnons d'avoir prêté une oreille trop complaisante à de jeunes téméraires qui, journellement,

11.

se livraient aux charmes de la
séduction. Ainsi raisonnait-elle :
« Il faut convenir que la jeunesse est bien imprudente de mé-
connaître ses premiers devoirs.
Il leur faudrait, ajouta-t-elle,
mon expérience, pour les diri-
ger dans leur conduite. » Comme
notre moraliste discourait ainsi, elle aperçoit dans les airs un
oiseau d'une rare beauté qui dirige vers elle son vol rapide.

Celle-ci, à son approche, se
sent émue ; l'étranger, qui s'en
aperçoit, lui tient ce langage :
« Aimable fauvette, vous qui,
par votre touchante harmonie,
charmez tous les cœurs, oserais-
je vous demander l'hospitalité?»
D'abord, elle fait la mijaurée ;
puis, après certaines simagrées,
elle consent à habiter avec lui
sous le même toit. Mais bientôt
nos deux volages s'oublient l'un

et l'autre, et la fauvette encourt elle-même le blâme qu'un instant auparavant elle déversait sur ses compagnes.

❁

Soyez indulgent pour les autres , si vous voulez qu'on le soit pour vous.

RÉUNION

DES

OISEAUX.

FABLE XXXII.

Dans un des beaux jours du
printemps, des oiseaux réunis

vantaient la flexibilité de leur gosier.«Rien, dit l'un d'eux, n'égale l'accord pur et mélodieux de nos accens. » A ce langage plein de jactance, succèdent le doux ramage de la linotte plaintive, et celui de la tendre philomèle. Alors nos oiseaux, honteux de leur sotte vanité, se trouvent forcés de reconnaître leur infériorité, et de rendre hommage au mérite.

Souvent le présomptueux se trouve
obligé d'avouer lui-même sa défaite.

LA MOUCHE .

ET

L'ARAIGNÉE.

FABLE XXXIII.

Un jour, une mouche se prit
dans le filet d'une araignée. Cel-

le-ci , de sa retraite , fondit sur sa prisonnière , et s'en empara. Arrête , barbare, lui dit la mouche , pourquoi veux-tu détruire mon existence ? Elle ne compromet nullement la tienne.— Téméraire ! que fais-tu ici? lui répond l'araignée; malheur aux gens de ton espèce qui osent troubler mon repos!.. Aussitôt elle l'immole à sa vengeance.

134

Le tyran, seul, triomphe par la force.

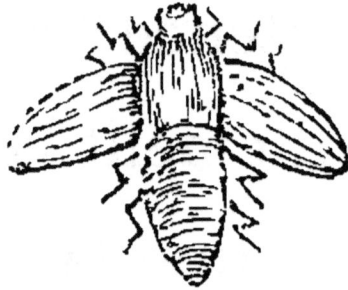

LE SOU

et

LA PIÈCE D'ARGENT.

FABLE XXXIV.

Un jour, un sou se trouva avec une pièce d'argent. Celle-ci, fière de son éclat, lui reprocha

son peu de valeur. Pourquoi
portes-tu sur moi un regard dé-
daigneux? répartit le sou. Ignores-tu que si tu sers à flatter l'orgueil et l'ambition des grands,
moi, je soulage l'infortune. Le
hasard voulut qu'on présentât
nos deux pièces pour faire un
appoint; mais qu'arriva-t-il? le
sou fut reconnu vrai, la pièce
d'argent fausse, et, comme telle,
fut refusée.

Le vrai mérite ne se trouve pas toujours sous l'habit doré.

LA ROSE.

FABLE XXXV.

Une rose, exposée aux intempéries d'une saison rigoureuse, déplorait son sort. Une jeune fille qui la contemplait, tou-

chée de ses plaintes, lui dit :
« Charmante rose, je vais l'a-
doucir.» Aussitôt, elle la sépa-
re de sa tige, l'emporte et la
dépose dans un vase ; mais son
bonheur fut de courte durée,
car elle perdit sa fraîcheur, et
elle mourut.

On doit se contenter de son sort.

LA LORGNETTE.

FABLE XXXVI.

Un jeune écolier s'amusait un jour à regarder à travers une lorgnette : Comme ces hommes me paraissent grands, dit-il à son précepteur ; retourne la lorgnette, lui répondit celui-ci, tu les verras tels qu'ils sont.

Ne vous laissez jamais séduire par l'illusion.

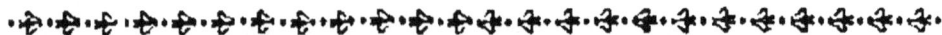

L'ANE

ET

LE RENARD.

❀

FABLE XXXVII.

Un âne, bel esprit, s'exta-
siait sur les avantages dont la
nature l'avait doué. Au chien,

dit-il, elle a donné l'odorat, à l'aigle la vue, à l'homme, le toucher, et à mon espèce, une ouïe très subtile. C'est bien dommage, dit malignement un renard qui écoutait cette jactance, qu'à une si précieuse qualité, s'attache le ridicule. L'âne lui répondit : Je ne comprends rien à ton langage. Mais, lui répliqua le renard, *ce n'est pourtant pas faute d'oreilles.*

Souvent le présomptueux se croit un grand personnage.

LE DOGUE,

LE LOUP ET L'AGNEAU.

FABLE XXXVIII.

Un jour un dogue se jouait avec un agneau. Quelle honte

13

de folâtrer ainsi , s'écria un loup qui était présent, pour un chien d'une telle stature ! Dans ce jeu , lui répondit le dogue , je ne vois rien que d'innocent. Il n'y aurait de déshonneur pour moi que si je faisais valoir ma supériorité pour abuser de la faiblesse. En parlant ainsi, il se jette sur le loup et le met en pièces.

Souvent on paye cher un reproche indiscret.

LE CHÊNE

ET

LE POMMIER.

❀

FABLE XXXIX,

Un chêne se targuait d'orgueil de ce que, dans son tronc

creux, un essaim d'abeilles avait déposé son miel. Sotte vanité, s'écria un pommier qui l'entendit, tes glands en sont-ils moins âpres ? Alors, le chêne confus, n'osa répondre.

✳

Le sot comblé des faveurs de la fortune, en a-t-il plus de mérite ?

❁

LES DEUX SANGLIERS.

FABLE XL.

Deux sangliers, appartenant au même maître, cherchaient leur nourriture dans du fumier. L'un d'eux y trouva un diamant d'un grand prix. Part à nous deux, répartit l'autre. Très volontiers, répondit le premier; mais celui-ci s'en saisit, et l'avale aussitôt. Le maître, témoin de cette astuce, fait tuer le possesseur du diamant, et s'en empare.

Tôt ou tard le fripon paye cher sa mauvaise foi.

LES DEUX

TOURTERELLES.

FABLE XLI ET DERNIÈRE.

Deux tourterelles, modèles
d'amour et de tendresse, cou-

laient des jours heureux et tran-
quilles dans le berceau qui les
avait vues naître. Cet asile solitaire les préservait des attaques
de leurs ennemis, et répandait
autour d'elles ce calme mélan-
colique, si parfaitement en harmonie avec leur cœur. Rien
jusqu'alors, n'avait troublé leur
paisible repos; mais, qui peut
se flatter d'un bonheur cons-
tant!

Pendant l'été, nos deux jeunes imprévoyantes, n'ayant fait aucune provision, se trouvèrent surprises par un hiver rigoureux qui déploya son manteau de glace sur la riante naturè, et qui détruisit toutes les ressources de la vie. Exposées aux horreurs de la famine, elles étaient près de succomber au péril qui les menaçait, lorsque l'une d'elles, inquiète, plus sur le sort de sa compagne que sur le sien, conçut l'heureux projet de subvenir à leur mutuelle existence. Reste ici, lui dit-elle, je vais tenter les hasards d'un voyage, qui, peut-être, mettra nos jours en sûreté. Aussitôt, notre intrépide voyageuse prend son essor, plane dans les airs, et laisse loin d'elle son arbre protecteur. Épuisée de fatigue, elle descend

à terre, où elle trouve de quoi
réparer ses forces; mais, hélas!
notre infortunée tombe dans les
filets d'un oiseleur. Elle s'agite,
elle bat des ailes pour sortir de
sa captivité; vains efforts! elle
fait entendre au loin ses cris
plaintifs. Le silence de la mort
seul, répond à ses gémissemens.
Au moment où tout espoir sem-
ble lui être ravi, elle aperçoit
un oiseau qui fend la nue, et

qui précipite son vol vers elle ; son cœur bat, une douce émotion l'agite ; c'est sa fidèle amie qui, depuis son départ, n'a joui d'aucun repos. Mais quels moyens employer pour délivrer son imprudente compagne! Alors, toutes deux réunissent leurs efforts, et, avec leur bec anguleux, brisent les réseaux qui la retenaient captive. Aussitôt, elles fuient à tire-d'ailes, font retentir l'air de cris d'alégresse, et regagnent leur première retraite, où elles jurent de ne plus désormais se séparer.

❀

Deux véritables amis ne forment qu'un seul et même cœur.

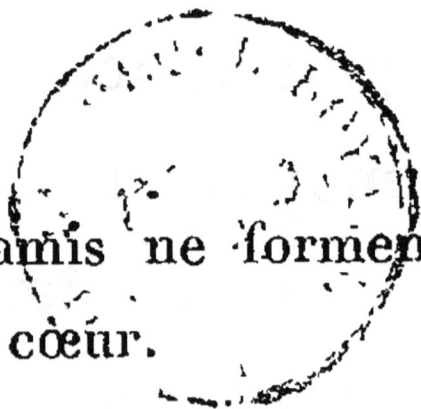

TABLE.

FIN DE LA TABLE.

IMPRIMERIE ET FONDERIE DE J. PINARD,
RUE D'ANJOU-DAUPHINE, N. 8.

PLACEMENT DES GRAVURES.